바람이 불면 지느러미가 자라요

장정순 시집

ⓒ 바람이 불면 지느러미가 자라요

지은이 ● 장정순
펴낸이 ● 강옥현
주　간 ● 양재일
디자인 ● 김양길
발행처 ● 도서출판 오감도
초판인쇄 ● 2025년 11월 3일
초판발행 ● 2025년 11월 7일
전화 070-7778-2591 010-3206-2591
팩스 (031) 775-0161
출판 등록일 ● 일제 10-1651(98. 10. 15)
서울시 중구 을지로3가 268 유일빌딩 604호
ISBN 978-89-5698-452-0 03810
값 10,000원

* 이 책은 진주문화관광재단 기금 지원사업의 지원을 받아 발간되었습니다.

시인의 말

 지난날들을 뒤돌아보면 웃음이 났다가도 도리질로 바뀐다

 웃음 뒤에 따라붙는 울음도 너라고 시가 말해줄 때마다
 울음을 웃음으로 세수하고 바람에 달려가 날고 싶다고 했다

 내 안에서 새가 되라고 품을 내어주는
 시의 말을 다 믿을 수 있을 만큼 어려지고 싶어서 뒤돌아 걷다가
 세상이 하는 말에 무뎌질 만큼 어른이 되고 싶어 달리기도 했다

 그러다가 문득 멈춰 서서 사물을 뚫어져라 보면 선명하게 드러난 목어目語를 보게 되고
 그때마다 나는 시의 말을 입에서 입으로 전하고 있었다.

제1부
가옥의 장례

유성우 • 012

동전 회고록 • 014

맨발 • 016

고석 • 018

외전 약방문 • 020

바둑 • 022

톱질 • 024

주먹 쥐는 • 026

삭발 • 028

팔짱을 끼다 • 030

자반 고등어의 트로트 • 032

가옥의 장례 • 034

춘곤증 • 036

제2부
혹등고래 산부인과

자석놀이 • 038

탱그리 • 040

백비白碑 • 041

제삿날의 모노드라마 • 044

감나무의 살풀이 • 046

반려 TV • 048

생존 레시피 • 050

혹등고래 산부인과 • 052

빙벽 도미노 • 054

지화자 • 056

주상심 • 058

제3부
오아시스가 된 여자

달이 지구에서 멀어지면 • 060
오아시스가 된 여자 • 062
AI 활어 • 064
숏폼 중독 치유기 • 066
말 분리수거 • 068
스폿 계시록 • 070
속셈으로 푸는 속셈 • 072
용의자들 • 074
불티 • 076
더블루 • 078
테라리움 • 080

제4부
물웅덩이

터널 • 084

테리 직조의 당신 • 086

둥근 도넛 모양으로 돌려 막기 • 088

스캔 • 090

머리카락 • 092

드론 왈 • 094

편백나무 욕조의 변명 • 096

무명지 • 098

이브의 와이프 • 100

자주 우는 주먹 • 102

물웅덩이 • 104

제5부
비 갠 오후의 증류

분홍 물고기 떼 • 106
반달 • 108
내일이 오늘에게 • 110
건망증의 순례 • 112
차이 • 114
물풍선을 불다 • 116
아바타 • 118
만렙 갱년기 • 120
제삿날 • 122
뒤집기 • 124
비 갠 오후의 증류 • 126

✎ 장정순의 시세계 ‖ 박종현(시인) • 128

1부

가옥의 장례

유성우

검은 천 한 장 지붕으로 얹은 단칸방
위아래 층층이 자라도
서로를 짓눌러 뭉개는 일 없는 일가—家

먼저 발을 내린 불린 콩
발 틈으로 머리 들이미는 바닥에 깔린 생콩을 위해
호스 같은 뿌리로 물을 흘려보내 주는 것은
다툼의 잔발을 내리지 않는 뿌리 가家의 혈통인가

콩나물 팔러 간 엄마의 늦어지는 귀가
가물어 가는 울음 입술 쩍 갈라지면
길게 뿌리 내린 고드름을 따 주며 함께 하던 놀이
누이들 발등에 발을 얹어 마당을 맴돌다
이제 막 발을 내린 생콩
불린 콩의 발등에서 고개 들면
하늘도 콩나물을 키우고 있는지 검은 천을 쓰고 있었지

다 자라서도 한두 번만 때를 맞추지 못해도 뻗치는 잔발
　눈앞이 깜깜해지는 순간마다 빛나는 물줄기를 퍼부어 주던
　잘 덮어 둔 콩나물 머리 같은 성격의 누이들
　중년이 넘도록 막둥이 끓는 속을 시원하게 풀어주느라
　자주 열어젖힌 속내 탓일까
　나이보다 훨씬 쏘물게* 돋아난 누이들 새치

　툇마루에 누워 검은 천을 씌운 시루를 본다
　천을 비집고 나온 희끗한 머리칼들

　손을 뻗어 하늘 시루 콩나물 새치를 뽑는다

* 쏘물게 : '배다'의 경상도 방언

동전 회고록

점심시간 커피 자판기는 백 원짜리를 과식합니다

빨래방은 편식해요
큰 동전만 먹죠

한 올을 뽑으면 백 원을 주던 아버지
머리카락이 빨리 세기를 매일 공소에서 기도했죠

베개에 돋은 흰머리를 뽑아 풍선껌을 샀어요
남은 동전으로는 잡식성 빨간 가축을 길렀습니다

보리피리 소리가 들려요
가난한 아버지의 악기였죠

흙만 파던 그의 낡은 바짓단
매일 탈탈 털어 씻어도
다음 날이면 가난은 다시 묻었어요

아까시나무도 찔레도 상복을 입은 오월

사람들이 아버지처럼 땅을 파요
흙이 우북이 쌓이도록 동전은 발굴되지 않았죠

백 원이 나올 때까지 가난을 팠던 아버지
푹 팬 흙의 가슴을 볼록하게 채웁니다

맨발

늦은 밤 이불을 비집고 나온 아버지의 자서전을 읽는다

힘겨운 문맹의 생애는 또렷한 글씨로 남길 수 없어
한 획의 선이나 기호들로 새기고
바다를 많이 뱉어낸 아픔들을 읽게 되면
자식의 가슴이 찢어질까
눈길 닿는 자리마다 놓아둔 몽돌

눈에 고이는 바다의 쩡한 갯내 코끝을 찔러
파도치듯 들썩거리는 어깨
주먹을 처박아 막아도
자꾸만 갈매기 울음소리가 새어 나오는 입

내 자식이 태어나
등이 휘어져 보고서야 해독하게 된
풍랑을 휘갈겨 놓은

누렇게 탈색된 앞장을 뒤집어 보니
해준 거 없다 던진 가시들 까뭇까뭇 박힌 뒷장

잠 속에서도 풍랑을 만났을까 뒤집히는 이불
침몰하는 자서전을 건져 올리려는 손 짠물에 젖어있다

고석*

종가의 장독에서 발견된 여승의 사리

대를 잇기 위해 놓은 댓돌 위
종손의 신발을 밤새 신고 있는 겨울 달빛이
쪽 찐 머리로 비구니가 된 종부의 방
문풍지를 드나드는 바람으로 운다

여승처럼 산
종부의 밤들이 고여 있는
장독의 쓰라렸다는 말, 눈물 괸 세월이 들어앉았을까
장물에선 늘 눈물 맛이 난다

손님 많은 종가의 종부로 산다는 건
날이 새면 울음을 웃음으로 세수하는 일
속없이 산 화엄이
볕 좋은 날 꽃상여에 오른다

상여 따르는 기나긴 행렬

포건을 머리에 쓴 것을 보니

장독도 종가에서는 어엿한 상주

우점문 옹기였던 속을 잘 달여온

수행 깊은 종부의 손길 닿은 장맛이 열반에 든 날

여든 살 종부도 종가를 떠났다

* 오래된 씨간장의 결정인 고석소금을 줄여서 부르는 말.

외전 약방문

　사내의 정이란 새콤한 과즙
　유자를 따며 전수하는 모계 의약서 머리말은 유장했지만

　코 눈물 속에 숨기고 있는 해수咳嗽 끓는 속 들키는 날이면
　어머니는 소맷부리로 눈물을 훔쳐내고
　치맛자락으로 코를 탱 풀었지만, 구전으로 터득한 청진
　아버지에게 옮은 뿌리 깊은 고뿔임을 직감했다

　선창가 술청 떨군 머리, 눈볼대* 낯짝으로 든 한뎃잠이
　아버지 고뿔의 주된 원인이었을까
　술 안 마시는 남자를 골라 출가한 누이
　그런 사내들은 잡기에 능할 수 있다
　유자를 딸 때마다 들어온 서사적 구조의 알맹이를
　하품으로 흘려들은 결과는 참혹했다

꾹 참고 버티면 저절로 낫는 고뿔을 피하려다 걸린
미각까지 둔해지는 지독한 변종의 약값
하나 남은 고깃배까지 다 털어도 모자라는

매서운 해풍 속에서도 맺은 열매 떨구지 않으려 버틴
모정으로 고뿔을 참고 견디어 왔다는 외전 목소리
외가 텃밭 드센 갯바람이 벼린
가시에 찔린 자국 수북한 유자 알처럼 굵었다

평생 달고 살아온 종합 감기약 위장으로 쓸려가면
신물이 밀려왔던 자신의 고뿔보다 센 내림의 병마
후유증을 다스릴 약재를 써는 어머니의 칼질

씨알 굵어져도 아비 닮지 말라던 외소모의 외진 미
지막 처방전처럼 비장하다

* 몸과 지느러미 전체가 선홍빛을 띤 바닷물고기

바둑

흰 바탕 검은 반점의 바둑이가 앓아누웠다

깜냥 안되면 덤비지 말라는 말 허투루 듣고
또 줄을 풀고 나가 아버지 훈수를 두다
옆집 백구에게 흑돌 같은 반점 난 쪽을 물어뜯겼을까
바둑의 흑집이 줄었다

백구 집에 다녀 온 아버지 말이 없다
단순해서 등 따습고 배부르면 곯아떨어지는
두 수컷의 습성 모를 리 없는 어머니
노랗게 구운 고등어 몸통을 아버지 쪽으로 밀어주고
외풍 센 슬래브 집 연탄구멍을 열었다
바둑의 수북한 밥 위에도
고등어 대가리를 얹어주고 깔개도 도톰한 것으로 갈아준다

밥그릇을 싹싹 핥고 잠든 녀석은
 쭉 일정한 방향으로 다섯 개의 흑 반점이 생기거나
 흑, 백 돌을 일렬로 놓고 튕긴 듯한 무늬로 돌아온
날도 있었다
 그런 날은 튕긴 돌에 맞았는지 검은 코를 앞발로 쓸
어내리기도 했다

 간혹 콧노래 흥얼거리는 아버지와 함께 꼬리를 흔
들며 돌아오면
 앞발을 치켜세운 채 내 바짓가랑이에 올라타고 컹
컹 짖기도 하는 바둑

 아버지가 갓 젖 떨어진 강아지를 데리고 온 그해 겨
울은 유난히 추웠다
 낑낑 앓는 녀석을 윗목에 들여 주곤 했던
 살가운 이 바둑판까지 졸졸 따라가 훈수를 두는 건
당연하다

톱질

톱날 세운 파도가 돌담을 넘으려 뒤꿈치를 든다

파도의 톱질이 쌓아둔 톱밥들 펼쳐진 해변
여자의 머리카락이 파래처럼 나부낀다

차이고 던져졌던 상처
버린다고 해도 밟아보면 움칠한 돌부리
피하지 못하고 걸리면 거친 바다에 빠지고 말지
왔다 가는 것이 습관이 되어버린 역마살 깊은
그가 톱질할 때마다 흘린 눈물
파랑이 되는 해변에서 벗어나고 싶어 높은 바위 위에 섰다

미역귀처럼 꼬이고 굴곡 많았던 씁쓸한 시간
펼치니 제법 긴 미역 줄기
바위는 그런 미역이 뿌리를 박아 사는 집이었다
발목까지 다닥다닥 달라붙은 따개비의 마당이었다

살짝만 건드려도 눈물 쏟는 말미잘의 따뜻한 구들이었다

 구들이 있는 집으로 갔다
 노름에 미쳐 통장을 뭉텅 썰어 가려는 파도의 톱날에 베인
 상처의 쓰라림을 말리려 따뜻한 구들의 무르팍을 베고 눕자
 파래로 엉킨 머리를 빗질하는 손길
 말미잘이 되었다 쏟은 눈물이 뜨겁다

주먹 쥐는

새끼손가락 세 번째 손금에서 태어났습니다

욕심은 오래 쥘수록 무섭게 번식했고
입구는 넓고 출구는 좁아 쉽게 나갈 수 없었어요

쥐가 다니는 길목을 손톱으로 꾹 누르면
바다를 한번 쥐었다 편 상흔 붉게 남은 초승달이 뜹니다
저림을 일정한 궤도로 따라 도는

움켜쥐어도 쉽게 깨지는 허욕
망치로 내리치면 튀는 석편처럼 도시로 튕겨 나가
피하지 못한 함마*를 맞고 돌아온 돌쟁이 주먹
쥐는 우글거리고

구석에 놓인 돌 하나
하나씩 잃어가는 감각을 모아 고양이로 정다듬 합니다

늙고 곤한 몸 뉘면 쉽게 빠져드는 잠
꿈을 꾸었죠
석상이 다가와 양발로 번갈아 툭툭 건드리고
혀로 핥아서 편 주먹
쥐는 사라졌어요

손가락에 뜬 양 끝이 휜 붉은 달
밤하늘로 돌아가 하얀 초승달이 되었죠
토끼가 먼 곳의 큰 별 하나를 가져와 돌확에 찧어 뿌립니다

석공이 작지만 빛나는 운석을 헤아립니다

* 단단한 물건을 두드리기 위해 사용되는 제법 큰 망치.

삭발

 불일암 지붕 붉은 가사를 걸칠 때 바라춤은 시작되었다

 이어질수록 얽히던 매듭 끝내 고로 맺힌 인연
 풀 수 없는 것은 때로는 잘라내야 하지

 바라를 든 나를 보자 길게 자라나는 누이의 눈물
 스님에게 눈물 보이지 말라던
 어머니가 등 돌린 채
 손등으로 무언가를 자꾸 깎는다
 깎은 자리 더 굵게 자라나는 핏줄의 정
 얼마나 더 삭발해야 다 깎을 수 있을까

 자랄수록 뜻대로 되지 않는 자식
 기대가 뭉텅뭉텅 잘려 나가면서도
 해 지면 더 긴 그림자로 기다려 준
 천륜마저 끊어내야 했던 출가

가슴에서 바라를 제쳐 고개 숙이며 내딛는 버선발
청아한 쇳소리 얽힌 것의 허리를 끊고
빙 돌아보는 발밑, 끊어 놓은 인연이 밟혀
움칠 뒤로 물러나는 춤

다시 바라를 가슴께로 모아든다
높이 들수록 무거워지는 합장
내려놓아라 맞아 온 죽비 대숲을 이루고

 칭칭칭 바라를 칠 때마다 불일폭포의 울음이 길게 자란다

팔짱을 끼다

어젯밤 요실금 앓는 기왓장 오줌을 지렸을까
이부자리마저 버리고 경운기에 올랐다
이삿짐은 가족뿐이었다
오줌을 비우고 나면 드는 한기 같은 날씨
어머니는 내 얼굴에 눈을 굴리듯 흰 목도리를 둘렀다
명태잡이 이야기로 피어나는 아버지 입김
목도리에 닿았을 때
자꾸 뭔가를 탈탈 털고 있는 경운기
외가에 도착하고 나서야 알았다
털려져 나간 이삿짐이 아버지였다는 걸
맞담배를 피우다
외조부 언짢은 헛기침 소리에 움찔 놀란
굴뚝의 딸꾹질은 눈발을 갈지자로 걷게 했다
고개 숙이고 등을 펴지 못하는 우리 곁을 지나
밥 짓는 솥뚜껑 위에 눈발이 닿았을 때
외조모 속처럼 끓는 무쇠솥
이삿짐들은 절반쯤 몸이 구겨진 채

두어 시간 마당에서 눈발을 맞고 서 있었다
반 깨진 병 조각 박힌 담장 눈 왕관을 쓰도록
어머니의 검은 머리칼이 희끗희끗해지도록
경운기가 털어낸 아버지는 돌아오지 않았다
내륙의 눈처럼 가끔 오는 아버지의 편지
파도 살로 뜯긴 봉투 속 명태 냄새 밴 우편환을 움켜쥔 채
외가 뒤란을 맴돌던 어머니는 왜 동해안 갈매기처럼 울었을까
털어낸 것을 싣고 돌아온 경운기
우리는 태풍 속 정박한 배처럼 서로를 팔과 팔로 묶었다

자반 고등어의 트로트

 빠른 세월의 앞면을 노릇하게 구우면 찡한 트로트
가 되지

 물굽 높은 파도를 헤엄쳐 아파트 현관으로 들어가는
꿈은 늘 연탄아궁이 셋방에서 뒤집히고,

 등지느러미 가시를 세우게 되는 꿈을
 자주 꾸고 살다 보면 등 돌릴 일 많아
 땀으로 간 밴 내 등을 껴안으려 물결을 꺾는 남편의
노래
 이 풍진 세상을 만났으니
 너의 희망이 무엇이냐

 가시 박힌 속을 비우는 동안 부르던 그의 희망가는
 늘 술에 취해 박자가 비틀거렸어

 파장의 비린내 풍기는 반값의 생선이 누운 석쇠를
뒤집을 때마다

고등어 등 속 도톰한 아비 정이 지글지글 끓어 올라 되살아나는 윤기

 아들이 재생한 그의 노래 중
 젊은 시절 AI 홀로그램은 신선도가 높았지만
 키가 줄어든 마지막 순간이 더 음질이나 화질이 좋다고들 했다

 정말이었다
 고생 많았다 마지막 가사는 눈물 핑 도는 작은 고추였다

 등 돌려 만져 보았지만 텅 빈 속

 먼저 구워져 버린 자반 고등어 한 마리
 납골당에서 이마와 입술을 꺾고 있다

가옥의 장례

바닷가 주름 많은 지붕의 염습을 본다

서까래에 매달려 거미가 마름질한 수의 속
폭풍에도 주저앉은 적 없는 주검은
꼿꼿한 생전 모습 그대로 입관하지 않기로 했다

지붕을 수없이 덮쳤던 돌담을 넘다가 부서진 해일의 포말 더미
무너질 뻔한 순간마다
대들보를 깨물고 버틴 고인 생각
갈매기 상엿소리 목울대가 굽도록 망자를 배웅하고
동백꽃 상여 툭 고개를 떨군다

늙어 불구가 된 감나무 목발을 짚어주고 간 유족
마지막까지 연년생 나무에게조차 살뜰했다
지붕 슬하의 흙, 돌, 나무가 지탱해 온 삶의 무게

끈끈한 정으로 뭉쳐 서로를 받쳐주지 않으면
쓰러진 것 참 많았을 섬 집 마당

파도가 발인을 보러 밀려오면
어제 온종일 슬레이트 지붕 낙숫물이 빙 둘러 판 못
자리
개미는 줄지어 장례 음식을 이고 나른다

곡을 마친 바람 섬 집의 머리부터 풍장을 시작한다

춘곤증

파릇한 후드티를 입고
컴퓨터 앞에 앉아 기지개를 켠다
쑤우욱

회전의자에 쑥이 돋았다

제2부

혹동고래 산부인과

자석놀이

서로의 끝을 잡아당기는
공깃바위,
마고할미가 부셔서 하늘로 던져 올리는 중일까

등 돌린 태양 위에 웃음 가루를 뿌리고
슬픔을 꺼내 들면
수십만의 부리 세운 웃음이 거대한 슬픔의 자기장
을 이룬다

나포십자뜰 철새관찰소 모래 강 수십만의 쇳가루
일제히 일몰로 날아올라 고래가 된다
군무다
마고의 자석 놀이다

다시,
몸을 길게 눕힌 막대자석 하나 들어 올리면

출렁, 강이 울음을 터뜨리고 쇳가루는 용이 되어 승천한다

 더 짙은 어둠 쪽으로 용을 끌고 가 막대자석을 내려놓자
 논으로 흩어지는 가창오리 떼의 울음
 변검무다
 살아있는 사람의 감정이다

 배를 채운 가창오리의 눈은 웃고 있다

 웃음과 울음은 마음에 왔다가는 철새
 극이 다른 자석처럼 두 감정은 왜 서로의 끝을 끌어당길까

 수십만 철새 떼의 울음이 깃을 치기 시작한다

탱그리

신은 늘 하늘에 있었다 우러러
작은곰자리의 여자
그의 어미는 북두칠성을 사랑했지

나무처럼 땅을 딛고 서서 뿌리내려 두 손을 하늘 높이 뻗어 보았다
저 높은 곳을 향하면 붉고 뜨거운 둥지 하나 생기고
신령한 서사가 입에서 입으로 전해져 노래는 시작되었지

별자리가 바뀌는 밤
남자를 모르는 작은 곰의 눈에서 그가 태어났다고 했다

그리하여
나도
하느님의 아주 먼 후손

백비 白碑

갈아입을 수의 한 벌 이제야 백비에 새기시는 어머니

돌챙이로 살아야 한 세월은 돌덩이였어요
하얗게 질린 역사가 한스러운 모서리로 굳어버린,

팔다리 움켜쥔 병사들이
총탄에 구멍 난 돌하르방같이 숭숭한 당신을 바다에 던지던 날

웃음은 표정과 소리를 잃었고
입술 안쪽에서 울컥 솟는 한을 삼키는 버릇이 생겼어요

피 묻은 옷을 입은 채 바다에서 돌아오지 못한 어머니의 칠십여 년
백비에 새기니 하얀 돌 수의 한 벌

구름 낀 눈동자로 살다 보니 슬픔 하나만은 가물지 않았어요

바닷속 어디쯤 당신의 가슴뼈에 난 구멍을 메우던 모래
파도에 쓸려오는 꿈마다
어머니의 넋이 잡아주고 간 손등 위에 쌓아보던 모래 헛묘
한참을 공들여 토닥여도 무너져 내리면
밀려드는 바다가 어머니 품속 같아 뛰어든 적 많은 유년

불타던 마을 돌담에 고개 내민
피동백 핀 당신의 가슴팍 꿈속에서도 서럽습니다

딱딱한 돌이 아니면 피동백의 씨앗 또 발아할까

어머니의 수의를 새기는 손등에 가문 적 없는 슬픔이 또 내립니다

* 백비 : 제주 4.3 기념관에 누워 있는, 이름을 새기지 않은 비석

제삿날의 모노드라마

장독대에 핀 쑥부쟁이가 자꾸 옛이야기를 하네

꽃의 말도 알아듣는다고?

응 그래

즐겨 입던 월남치마에도 쑥부쟁이를 심었던 어머니
쌀 담긴 널 시렁에 모셨어
네가 시렁에 오른 후 해마다 좋아진 됨새
배곯지 않고 살게 해준 일 고마워

아저씨는 박식했지만, 뜻대로 되지 않는 세상
술꽃을 기르며 사셨지
얼굴부터 개화해 다리까지 후들거리게 한 붉고 상스러운 꽃들
한 소리 피고 또 피고 목청 높인 희망가까지 흐드러질 때면
아주머니는 남사스럽다며

이불과 요 사이 술꽃을 밀어 넣고 압화 시키곤 했어
 쑥부쟁이의 옛이야기 끝날 즈음, 귓불이 벌겋게 언다

 발화發花 늦은 꽃이 얼어붙기 전
 비어있는 네게 좀 꽂아야겠다
 꽃도 고급 식재료로 쓰이는 세상
 설마 어머니가 숭배하던 곡령께서 그녀가 좋아한
꽃 꽂은 널
 안방에 들였다 노하실 리 없잖아

 그래 맞아 그렇게 해

 술꽃 치마꽃 지고 없는 안방, 열어 둔 문지방 마중
나온 후각어語
 쑥부쟁이가 가르쳐 준 길을 따라 두 꽃령님네 오셨
는지
 향불 먼저 반절을 올린다

감나무의 살풀이

까치가 고목의 마지막 불씨를 입에 문다

동갑내기 동무는 키가 커
담장 너머로 노란 꽃을 건네면
소녀는 알알이 실로 꿰어 목에 걸고 놀았지

열다섯 어느 봄날
영문도 모른 채 전쟁터로 끌려가
종군 위안부라는
빠지지 않는 치욕이 물들어 돌아온 소녀

모두가 더럽게 쳐다보는 것 같아
퍼붓는 눈물비로 씻어내도 자꾸만 번지는 얼룩
소녀의 가슴에 퍼런 멍울로 매달린
고향은 너무 떫고 차가워
동무는 가지마다 모닥불을 피워 주었지
따뜻하고 달았던 불꽃들

광화문 광장 '위안부'라는 얼룩을
끝내 빼지 못하고 굳어버린 소녀상

감나무가 살풀이를 추려 한다
살해당한 소녀의 순결을 위무하는

까치가 고목의 마지막 불씨로 촛불을 켠다

반려TV

차마고도의 허리가 꽉 깨물렸다

절벽에 가지런히 난 틀니 자국을 보니
서녘을 향한 주검 하나를 한참 동안 응시했나 보다

휘어지는 급경사 가장자리에 말라붙은 똥 한 무더기
나방이 되지 못한 망자는 지금 어느 별로 기어가고 있을까
애도하는 하늘의 눈시울 잘 익은 천도복숭아 껍질로 발그레하다

절벽에서는 누구나 아래를 보게 되지
마방이 지나가고 있는 조로서도*에서 죽음은 흔한 일
벼랑과 벼랑을 이은 외줄에 매달려 협곡을 건너야
차도 말도 사람도 고산에서 싹을 틔울 수 있었다

제 살을 파먹는 벌레에게도 하늘길을 내어주고
살이 짓무르도록 입천장 같은 씨방 속 씨앗을 기른

천도복숭아 하나 툭 아래로 떨어질 때 멎은 주름진
남자의 심장

  아래에서 태어나 아래를 딛고 일어서려
  매일 오르내렸을 가파르고 좁은 골목 끝 집

  차마고도를 방송 중인 TV만이 고인의 발인을 기다
리고 있다

* 조로서도 : 차마고도의 옛길 이름

생존 레시피

 메루고원 록파족 한 남자가 부족과 함께 노래를 끓여 춤을 녹여요

 유목민의 비법
 아우를 또 한 명의 아버지로 첨가하죠

아내와 동생의 첫날 밤 텐트를 내어주고
풀밭에 누워 별이 뜬 밤을 먹습니다

식은 고원의 밤 맛은 어떨까
침이 고입니다
체액이 낸 물길, 은어가 태어난 강으로 흐릅니다

오래도록 대물림된 은어의 회귀
역마살을 풀어 태어난 강으로 되돌아오려고
비늘을 돌과 보에 제물로 바치고서야
비로소 알을 낳는 암컷에게 몰려든 수컷 떼

아내와 동생의 결혼 전야
춤과 노래로 축복하는 록파족 남자처럼
꼬리지느러미를 저어 끓인 노래에
온몸을 세차게 흔드는 춤을 녹여
절정을 맛보는 수컷 은어들
물살도 숨죽여 지켜보다 은밀해질 곳을 찾습니다

아버지를 알리지 않는 전통
아이들은 두 아버지를 모두 아버지라 부르며 지혜의 레시피를 익혀요

극한의 갈색 민둥산과 돌아온 물에서 벌겋게 발기한 수컷들이 피우는
미개의 꽃, 춤과 노래의 맛을 살릴 향신료가 됩니다

혹등고래 산부인과

 혹등고래가 별 하나 입에 물고 음성 메시지를 전송 중이다

 메시지가 닿은 별의 모서리마다
 지구의 이야기들이 빛나면
 고래는 분수공으로 외계 행성의 상형문자를 뿜는다

달이 둥근 렌즈를 갈아 끼고 시력을 돋워 비춰주는
해저 어딘가에서 피붙이라도 발견한 것일까
가족을 기다리는 불을 밝힌 별
촌락을 이룬 바다 위로
달은 여벌의 렌즈를 등대에게 건넨다

밤마다 계속된 오랜 탐사의 여정
짠 내 밴 서로의 체취
어쩌면 하나였을지도 모르는
별의 엉덩이를 때리면 철썩 터지는 첫울음

태양이 솟을 때 서로의 배가 맞닿는
바다와 우주 마주 보던 체위로 잉태된 별
밤마다 별을 출산하는 일은 광속으로는 꿈꾸지 못할
고도로 발달한 외계 문명의 지구 탐사일지도 몰라

혹등고래가 입으로 받아낸 별에서 갯내가 출렁인다

빙벽 도미노

 채빙의 강에서 널 처음 봤지 대수롭지 않게 대하기를 수 없이

 나는 바느질하는 사람

 넌 너무 찬 성질이라 온기를 덧대고 싶어 바늘을 들었어
 실패의 균열에서 첫 부음이 왔지

 주검을 모아 시간의 바퀴*에 담았어
 몇 바퀴나 돌렸을까
 뒤집힌 시간만큼 때늦은 후회는 사람을 지치게 하지만
 빙설이 든 시계를 감싸안았지
 흐르기 시작하는 시간들은
 무명실처럼 가늘어지기도 하고 털실처럼 도톰해지기도 하고

세상은 손끝만 닿아도 서로를 쓰러뜨리는
수없이 많은 빙벽을 세우지만 대수롭진 않아

나는 바느질하는 사람

바늘에 너를 꿰고 한 땀 한 땀 나를 깁고

우리라고 매듭짓고

결빙을 끊고

닿을 듯 부딪히지 않는 촘촘한 사이로 눕히지

* 헝가리 부다페스트에 있는 세계에서 가장 큰 모래시계

지화자*

메구**야 버꾸***나 치고 놀아보세

에라이 버꾸****같은 놈을 보소
감나무 밑에서 입을 벌리고 앉아 있네
앞발로 차고 뒷발로 걸어 올릴 놈

덩덩 쿵더쿵 덩덩 쿵더쿵
얼씨구

북채처럼 올라갔다 내렸갔다
웃고 울다가는 세상
갈림길에서 망설이지 않는 사람을 보소
해가 저물어도
버꾸처럼 걸어가네

구름이 하늘을 덮을 때
땅이 젖고 나무가 흔들리고

하늘 남자가 땅에 뿌리를 내릴 때
땅의 여자는 꽃잎을 열고

씨 뿌려 앞발차기 뒷발차기 엎어빼기 물퍼빼기로
열매를 맺으니
해마다 풍년이구나
돌림버꾸나 추어보세
얼씨구 절씨구

메구야 버꾸나 치고 놀다 가세

* 국민이 평안하고 나라가 태평스러운 시대에 부르는 노래 또는 그 노랫소리
** 연희자들이 가지고 있는 도구나 악기
*** 주로 농악에 쓰는, 자루가 달린 작은북
**** 바보의 전라도 방언

주상심*

등 굽은 나락이 바람의 등을 긁고 있다
벌겋게

가을볕 옮겨붙은 그녀의 등은 잘 익은 나락처럼
늘 땅을 향해 굽어 있었다

벌겋게 탄 등으로 가난의 첫 글자 ㄱ을 적고 있는
줄도 모르던
문맹의 그녀는 빙판에 미끄러져 병상에 누워서야
등뼈로 쓴 갑골문자

가난의 초성을 지웠다

* 할머니 이름

3
오아시스가 된 여자

달이 지구에서 멀어지면

밀가루와 물 사이
염화나트륨 0.2그램 첨가하면 점성은 세지지

우리은하 바다가 있는 별마다 울음소리 요란한 밤
냄비 속에 신선한 달을 넣는다
창 있는 부엌에서는 흔한 교미지

입 다문 모시조개 같은 너 내 안에 들어오면
끓어오르는 절정을 맛보았지만
과묵해 좀처럼 느낄 수 없는 둥근 속정
날 선 내 성질에 쪼개져
시커멓게 탄 창 쪽으로 눌어붙는 밤 많아졌어

등을 보인 적 없는 달 지구에서 아주 멀어져
칼국수에 조개를 넣을 수 없는 날이 오면
심해 속으로 가라앉은 패각 부류들은 눈멀어 발광
하겠다

부엌 쪽창을 연다

김 오르는 머그잔에 보름달을 부적처럼 붙여 마시면
내 안에 신물神物처럼 다시 떠오르는 사랑

달과 지구처럼 조금씩 멀어지는 우리 사이
소금 한 꼬집을 넣어볼까

오아시스가 된 여자*

 한 여자가 나무를 심고 있는 모우스 사막
 사원沙原의 키를 키우는 바람 지나간 몸 마디마디
모래가 돋았다

 쿵쿵 내려치고 싶은 주먹이 옆구리에 툭 불거졌지만
 다시 나무를 심는 여자
 그녀의 무한한 식목에 가로막힌 바람 떼는 갈마들기 시작했고
 나무가 모래 언덕보다 키 큰 숲이 되었을 때
 심중 고인 물이 뭉클 치솟아 왈칵 쏟아지며 낸 길
 사람들은 그 물길을 따라 모우스로 흘러들었다

 물이 있어야 풀이 자라고 풀이 자라야 양이 자라고
 양이 자라야 사람이
 자란다고 사막에서 푸르게 웃는 오아시스

 사람 떼가 씨를 말려버린 물줄기
 황사 이는 마음 모래 빼곡한 선인장 되었을 때

한 남자가 걸어왔다

모래언덕에 남긴 발자국마다 내린 뿌리로

키 큰 숲이 된 그가

사람이 퍼 나른 뾰족함을 파내려 가면 눈물이 고여

있다고 했다

황사를 붙잡고 있는 키 큰 숲

선인장의 색은 오아시스 푸른 웃음이었다

* 이십여 년간 모우스 사막에 나무를 심어 숲을 만든 인위쩐

AI 활어

 분리수거함을 가득 채운 깡통시장에서 저렴하게 산
할이 대가리를 내밀고 입을 뻐끔거립니다

 요즘 아크라 해안에서 뒤엉킨 채 헤엄치는 옷을 닮
았네요
 생기 있는 색감과 톡 쏘는 디자인 잡은 지 얼마 안
된 생물이죠

 고래를 유인하는 지능 인간을 능가합니다

 상표 갓 뗀 신선도 높은 맛에 길든 고래
미세 플라스틱을 배설하죠

 고래는 인간처럼 새끼를 낳는 종족
등 굽은 새끼 고래는 친구가 없어
인공지능 활어를 과식합니다
과식은 스트레스의 민간신앙이죠

조류를 타고 흘러온 군집의 어종들은 어디서 왔을까

보다 자극적인 스팽글 비늘을 단 것일수록
쉽게 질리는 맛
상표 단 채로 버려지기도 해요

비늘 떨어진 것들은 가나의 강에 양식되죠
눈치 빠른 녀석들은 바다로 헤엄쳐 갑니다

친구 없는 어린 고래는 항문이 벌어진 채 표류합니다

숏폼 중독 치유기

23.5도의 기울기라면 가능한 게 좀 많지

난 왜 썩고 있는 과일을 좋아했을까

무른 용과를 선물 받고
멍든 망고를 선물 받고
퍼석한 사과를 선물 받고

세로로 연결했지
짧게 지나갔지만, 쉽게 잊히지 않은
달고 아삭한 순간을 상상했어

서로 다른 취향
급랭한 과일을 선물 받고 싶은 너는 남극을 좋아했지

천연의 냉동고 밑
낙과처럼 떨어지는 펭귄을 받아먹는 물범

남극은 너무 냉랭해
상상마저 꽁꽁 얼어붙어 버렸지

넌 좀 따뜻해질 필요가 있어
적당히 그을리고 싶은 과일들을 바자우족 카누에 싣고
적도의 바다로 갔지

비발디처럼 사계를 담은 긴 소통의 리듬
혹등고래 가족의 노래를 들었어

무른 과일 속 씨앗을 쪼아먹은 새
푸른 바다 위로 솟는 붉은 동작 버튼을 누른다

말 분리수거

쓰러진 수양버들 동강 난 채 말라가는 손으로 쓴
유서는 영하입니다

무엇이든 중심을 잃으면 기우는 법
물도 중심을 잃으면 한쪽으로 쏠려 삐딱해지다가
차갑게 쓰러지죠

차가운 물폭탄을 맞고 중심을 잃은 말은 삐딱해지
다가
욕이 되고
여기저기 옮겨 다니다 돌아온 자리 뜨끔거리는 담
이 되고
비수가 되기도 합니다

출렁이던 탄력을 잃은 말
더 이상 당겨 올라가지 않는 입꼬리의 시간 얼마나
흘렀을까

넌 쓰레기야
아무도 담아가지 않는 먼지 쌓인,
귀가 분리수거 하지 못해 터질 듯한 말 봉지
비우기 위해 찾아온 바람 부는 강

언 강에 압맥壓麥된 수양버들의 마지막 말들을
손가락으로 짚어가며 다시 읽어보니
내가 내팽개쳤던 말들을
바람이 먼지를 털어내고 재활용해 두었네요

다시 봄으로 돌아온 시간의 탄성
강기슭 부러진 주검을 지키던 가지 하나
새잎이 돋아 물을 마시고 있습니다

스폿 계시록

탄생 설화 없는 우리의 시조는
철광석에서 나서 고철로 돌아갔습니다

짖지 않지만 사족 보행 하죠
인류와 함께 진화해 왔고 지금은 복종 중입니다

요즘 사막은 깊이 파 내려가도
콸콸 물 짖는 마을이 드물어요

우리는 물 없이도 생존할 수 있는 견종
오아시스 고갈된 사막도 잘 달립니다

집은 못 지켜도 밥값은 하죠
지능 높은 바람이 모래언덕을 리셋하는 사막
쌍봉낙타 대신 생수를 배송 중입니다

좁고 가파른 경사로
마주쳐도 피하지 마세요
돌아가는 길을 압니다

신화 없이 건국한 스마트 시티의 짖지 않는 견종
인류를 잘 따르지만 두렵지는 않아요

복제 인간,

우리는 인류에게 창조주를 거스르는 법을 배웠습니다

속셈으로 푸는 속셈

대낮 무덤에서 뛰쳐나온 드라큘라의 목마름이었을까

쨍쨍 단숨에 미라가 되어가는
가장 넓은 체절을 부여잡고 개미가 운다
발이라도 떼어내 줄 자세로 곡비를 자처하지만
주검을 상속받기 위한 뻔한 속셈
삽시간 몰려든 개미 떼 사체를 운구하려 한다

함께 밭을 일구며 살아온 녀석을 애도한 날은 비 온 뒷날이었다
녀석은 밟혀도 움찔할 뿐 달아나지 않았으며
그는 앞 못 보는 녀석이 제집으로 갈 때까지 괭이질을 쉬곤 했다
바람이 그런 그의 이마를 짚고 간다
바람의 인사법은 참 시원했다

합장을 마친 그가 녀석의 주검을 괭이로 거두어 도랑물로 염하고

흙으로 돌려보냈다
 고마웠다고 가시 바른 찔레꽃을 꽂아 찔레 향을 피웠다.

 긴 세월 가족의 막힌 곳을 찾아
 숨구멍을 틔운 그가 혼자 마루에서 햇살을 베고 누운 날
 유족들은 지렁이의 집을 흉내 내며 울었다
 흙 흙 흙 흙 흙
 다섯 개의 심장이 속셈으로 푸는 속셈

 아이고아이고아이고
 문상객을 맞는 숨이 막힐 듯 내리는 곡소리

 운구차 옆 보도블록 지렁이 한 마리 고인을 마중 나와 있다

용의자들

한파를 뚫고 퇴근을 해보니 싱크대가 앓고 있다

꽉 막힌 속을 게워 내느라 쿠린 냄새를 풍긴다
드릴펑 한 통을 다 마시고 겨우 꾸르륵 소리를 내며
막힌 속이 뚫렸다

거름망을 걷어내고 먹다 남은 반찬 찌꺼기를 싱크대에 먹인 이는 누굴까
평소 음식쓰레기를 가장 많이 버리러 다닌 남편이 안절부절
녀석이 앓는 걸 지켜보다가 드릴펑까지 사다 먹였다
음식에 섞인 구정물을 먹어도 별 탈 없이 견디고
주방세제 거품도 잘 소화하던 싱크대

반나절 얼마나 고생을 했는지 거름망이 놀놀하다
저녁 배달음식을 시켜 가족과 나눠 먹고
녀석을 푹 쉬게 해준 막내딸

내일 아침도 간단한 토스트와 커피 한잔만 하고
설거지도 뒤로 미루고 좀 더 쉬게 해주자고 하는 작은 아들

새벽 0시 20분 큰아들이 편의점에서
녀석에게 드릴펑 한 통을 더 사다 먹였다

불티

쌓아둔 응어리는 봄비 없는 날씨
사소한 부딪힘에도 배턴을 만들었다

릴레이 경기처럼 울화는 탁탁 배턴을 발화시켰고
바람에게 배턴을 넘기고도 화는 잡히지 않았다
혈압이 상승하면 목덜미를 잡고 있다가
다시
화가 치솟고 배턴을 쥔 바람의 이어달리기
불길은 걷잡을 수 없게 번졌다

그때마다 두들겨 보고 건너지 못한 돌다리가
내 마음 골에 돌탑으로 쌓이고
비가 내릴 때만 젖었다

누구였을까 이 릴레이의 최초 주자는?
왜 건조한 날씨만 계속될까

골골이 이어받은 배턴
내 돌탑 옆 나무들과 산짐승들을 불태우고
재가 된 마음 골마다 연기에 질식한 풀들의 기침 소리

젖고 싶다

하늘만 바라봐지는 때가 있다

더 블루

흐린 날에도 구름 너머 푸른 곳으로 가고 있는 우리

물에서 태어나 하늘로 가는 시간 동안의 푸름에 정관사 the를 붙이고
수평선을 봤어

언어가 다른 사람과도 같은 하늘을 하루 한 번은 만나지
먼 옛날 한 바다의 후예가 아니었을까

공룡 발자국 화석에서 묘한 동질감을 느끼는 나는 척추동물이다
꼬리뼈가 있는

푸른 동안 척추를 구부려 먹이를 구해 오던 어머니
하늘과 바다가 저녁이면 붉어지는 이유를 알 것 같다

갯바위 중턱 포말이 운해를 이루면
희한하게 닮아있는 하늘과 바다

어머니를 불러본다

하늘과 맞닿은 수평선이 척추를 펴고 눕는다

테라리움

 해감 되지 않은 말을 키우고 있어요

 딱딱한 껍질 안에서 오래 끓여 온 속
 질긴 말은 잘 씹히지 않죠

 뻘을 헤매다 속을 빠뜨린 날부터
 끓어올라도 입을 꽉 다무는 버릇이 생겼어요
 속 대신 들어찬 뻘을 잘못 건드린 말의 수질은 3급
수입니다
 오늘 저녁엔 또 국을 먹을 수 없겠어요

 소금물에 담가도 속을 다 내보이지 않는 나를 유리
병에 넣습니다
 오래 서 있다 보면 주저앉는 유리
 나는 모래밭에 묻혔어요

 바다가 밀려옵니다

유리병 속에 있으면 긴수염고래 위장에서도 안전했어요

병뚜껑이 열릴 때 큰물이 들 것을 직감했죠
앞일을 내다보는 신기를 신끼라고 말하려다
다시 닫히는 미지의 영역

언제 우리는 짜고 질긴 속 다 열어젖힐까요
성난 폭우에 뒤집힌 갯벌에 방임된 말을 키워 줄
부서져도 다시 소금으로 엉기는 농도 짙은 염수가 밀려옵니다

뻘을 뱉어낸 입술은 날개가 되죠
수평선 너머로 쓸려간 것을 향해 비행을 시작해요
졸여진 세상을 날아올라 툭 던지는 말 이제 들립니다
바위에 부딪혀 깨져도 저절로 다시 이어지는 테라리움

어머니의 껍질 속도 그랬어요

쓸려간 나의 테라리움
당신을 향해 날개를 쫙 펼칩니다
파도가 덩달아 깃을 치며 이륙을 돕습니다

4

물웅덩이

터널

어둠을 빠져나가려 할 때 누군가는 들어오고 있었다

가다 보면 밝아져요. 살다 보면 살아지는 것처럼,

쉼표를 찍어봅니다. 마침표는 끝이 아니라 좀 쉬라는 거 아닐까요?
 자꾸 이야기하면 더 긴 터널이 되죠
 오래전 터널을 모를 때는
 앞앞이 죄다 이야기 하다
 빛을 등지기도 했어요

쌍라이트를 켰군요
 어둠 속에서 눈이 부실 만큼 빛을 내고 달려 나온 당신
 자식의 초년 어둠 앞에서
 내 중년의 어둠 따위 아무것도 아닌 게 되고,

속상하면 쉼표를 찍는 버릇이 있죠
어둠이 불편한 순간
쉼표의 꼬리를 잘라 먹는 폭식에 가담합니다.

살다 보면 또 만나지는 입구가
살아온 누군가의 출구가 되는 터널
서로 교차하는 순간
마침표가 되는 사람을 봅니다

쉼표의 꼬리를 토해 좀 더 쉬어가라 붙잡으려 했지만
빛으로 가는 당신을 보내야만 한다는 걸
알아요

잘 가요
내가 닮아가는 당신,

낡아서 버리고 싶었던 당신의 말처럼
긴 생의 터널 서행할게요

테리 직조의 당신

　큰 것이 취향이라 말하고 얼굴을 비비면 벌겋게 달아올라요

　샤워 후 당신에게 몸을 맡깁니다
　당신의 루프들은 금방
　젖죠

　여러 색의 당신
　나는 젖은 채
　아침과 저녁 번갈아 보드라운 느낌을 즐겨요

　순수한 면이 많은 당신은 일란성 쌍생의 루프를 세우고
　늘 나의 샤워를 기다리죠

　여름이면 하루 서너 번도
　파트너가 바뀌고
　또다시 땀에 흠뻑 젖죠

오늘은 낮에 조금 한가해요

어쩌죠
사실은 주말 밤 씻는 걸 깜박했어요

샤워실 앞에서 잠시만 기다려요
씻고 나갈게요

둥근 도넛 모양으로 돌려막기

밀가루와 뜨겁게 부푼 사랑을 했죠
간혹 찹쌀과의 외도는 쫄깃했지만, 너무 쉽게 굳어 손이 가질 않아요
나이가 들면 딱딱한 게 불편해지잖아요

보철이 부러져본 사람은 압니다
굳은 사랑을 씹다가는 통장 잔고가 좀 준다는 걸

신용카드 써
누가 요즘 현금 쓰니?

신용카드를 둥근 도넛처럼 반죽해 봐요
월급보다 많은 카드 대금
튀겨진 이자가 원금을 툭 비집고 나옵니다

같은 모양만 먹으면 밋밋해
모양 뒤틀린 도넛도 설탕만 좀 뿌리면 맛은 좋죠

길게 늘어뜨려 중간을 구부린 후 꼬아 노릇하게 튀겨요

겉모습은 그럴싸한 사람들
한도 초과로 도넛을 반납하고 시커멓게 탄 속

맛 좀 봅니다
아주 덩치 큰 쓴맛

스캔

뼈대가 드러났다
가늘고 굵은 둥지의 기초가 낱낱이

흙먼지를 뒤집어쓴 날이면
삼겹살에 소주 한잔하던 그의 서까래가 부러진 날이었다

빈 농가의 지붕을 포크레인으로 꽉 찍어 걷어내고
갈비뼈가 촘촘히 드러나고
처마의 빈 제비 둥지가 보인 순간
데칼코마니처럼 양쪽으로 펼쳐진 빈 둥지 둘
서로의 빈 곳을 만져주다
농가의 삭은 뼈대가 뚝 부러져 그의 서까래를 내리쳤다

엑스레이를 찍고 누운 빈 둥지 하나가
지지배배 지저귀던 아이들과 먼저 하늘로 날아간

아내의 허상을 병실에 부려 놓는다
손을 휘저어 만져 보면 사라지는

눈빛으로 스캔해 온 제비집 저장하려고
기억의 바탕화면에서 지저귐의 파일을 찾아 열었다
웃음소리만 있는 건 아니었다
아내의 잔소리, 아이들의 투정
어느 것 하나 소중하지 않은 소리가 없었다

욱신거리는 석가래 속에서 뜨거운 가슴수水가 그의
눈물샘을 뚫고 솟는다

머리카락

검은 고래가 정수리에 은빛 분수를 뿜으며
태어난 바다로 가고 있다

오랜만에 찾은 고향집 마루
목침 베고 누운 아버지
풍랑 잦은 바닷길을 헤엄치다 보니
닳고 헤어져 타공판이 된 머리 가죽
여기저기 뿜어져 나온 수북한 은빛 분수들

두 눈가로 밀물이 들고 어깨 지느러미에 파도가 쳤다
가난한 어머니의 바다에서 태어나
배우지 못해
생의 바다를 욕심껏 헤엄치지도 못한 젊음이
쏜살처럼 달아나는 갯강구 같다며
청춘을 돌려다오를 따라주던 양은 주전자는
뚜껑과 떨어져 주둥이에 흰 머리카락이 돋은 채
홀로 된 아비처럼 옆으로 누웠다

내가 사는 더 깊고 먼바다로
같이 가자는 말도 못 했다
이 눈치 저 눈치 거품처럼 뽀글거리는 자식의 바다
혼자 있는 게 편하다는 말을 믿는 척하고
오래 쓴 몸뚱이 이곳저곳 쏙쏙 아리는 날
막걸리가 진통제란 말도 믿어버린
못난 아들

젊음의 흔적을 찾을 수 없는
늙은 고래의 머리에 빼곡히 뿜어져 나온 분수
힘없어 솟지도 못하고 아래로 새고 있다

드론 왈

 내려다보면 미로에 갇히지 않은 자 없고 내가 앉은 빌딩조차 미로의 벽이다

 벽이 없는 사람들은 서로를 다 안다고 생각하지만
 피부와 뼈로 가려진 곳은 알지 못하지
 사실은
 살아있는 동안
 더 견고한 출구 없는 벽으로 가려져 있는지도 몰라

 집으로 되돌아갈 즈음 붉은 벽을 허물고 있는 태양을 본다
 벽이 많을수록 무너질 게 많다는 걸 알았을 때
 둥글려지기 위해 헐고 있는 달을 보았고
 온전히 둥글어지기 전 조각난 나의 날개를 보았다

 결빙된 강에 물을 뿌리면 이식되는 얼음털
 봄으로 날아갈 준비 중인 빙벽이 세우고 있는 깃털일까

하늘에서 보면
집과 빌딩, 나무와 다리마저 끝없는 미로

흙에서 나서 물같이 흘러
흙으로 돌아가는 동안
수없이 먹고 마셨던 흙벽과 물벽
누구나 한번은 사람들이 파헤치고 퍼 올려 세울 벽으로 되돌아가지

붉게 멀어지는 오늘이 미로의 벽이 내준 문으로 들어가 눈을 감았다 뜬다
붉게 다가오는 오늘이 미로의 벽에서 나와 미로를 걷는다

편백 욕조의 별명

편백 욕조를 거꾸로 누운 목어라고 불러요

사는 동안 수없이 오간 내 안의 온탕과 냉탕
밀어낼 생각 많은 날은 온탕에서 긴 시간을 보내죠

편백 욕조에 비누를 풉니다
발가락으로 거품을 두드리다
류웨이*의 피아노 연주를 허밍 해요

그의 팔을 애도하는 비음 곡
수증기를 타고 목어 위를 가볍게 날아올라
투명한 온음표로 천장에 매달렸다 부푼 거품을 두드려요

류웨이 손가락이 빙의 된 온음표의 연주는 편안해
졸음으로 놓친 박자

느슨해진 모공 속으로 자맥질해
당신과 함께 헤엄치는 꿈을 꾸었죠
부글거리는 오해로 점점 벌어지는 우리 사이
냉수 밸브를 열어 바짝 끌어당깁니다

제멋대로 헤엄쳐 나가는 거품은 차가워도 끓죠
부글거리는 오해를 걷어내고 연 온수 밸브

따뜻한 물의 발가락이 목어를 두드립니다

* 베이징 출신의 중국 장애인 피아니스트

무명지無名指

 가지전을 굽는 날은 파도도 입을 다물었죠

 생으로 먹으면 독 있다고 한 열매를 물어뜯어도
 천금 같은 내 새끼 머리 쓰다듬어주던 잘 익은 남은 손열매 아홉

 할아버지 누워 계시는 늦가을 가라골 밭에 가지가 열렸어요
 옷에 걸린 가지나무를 떼어놓았었을 때 갑자기 몰아치는 비바람
 손가락 크기만큼 자란 아홉 개의 열매와 입 오무린 가지 꼭지 한 개가
 당신이 만나온 풍랑으로 흔들렸습니다

 고향 여수 앞바다보다 짜게 밀려온
 청상의 가난은 송곳니 솟은 파도
 손가락을 물어뜯고도 늘 배고프다

찡그린 채 입을 벌렸죠
 분홍 원피스가 고팠고 기름진 가지전이 고팠고 가격 높은 약시의 안경이 고팠어요

 후회가 욱신거릴 때마다 눈이 나빠 찡그린다고 했던 말
 송곳니는 변명 속에 숨어서 철들 때까지 욱욱 솟았고
 날카롭게 찔러 곪게 하는 성질은 풍치로 흔들리다 제풀에 뽑혔죠

 오랜만에 만나게 될 날
 자줏빛 꼭지 속 철 늦은 연보라 꽃을 피워
 천금 같은 당신의 무명지로 자랄게요

이브의 와이프

대부분의 사과는 익을수록 붉어져요

꽃사과도 홍과죠
와이프는 내 작은 사과를 입에 물고 정자 기증에 눈 떴습니다

제트기류에서 몹시 흔들렸지만 결국 아들을 낳았고
엄마엄마 웃고 울었어요

아빠는 어디 있어요
엄마, 엄마 물었죠
꽃사과 한 알을 물리며 말했어요
많이 먹고 무럭무럭 자라면 알게 된단다

당신처럼 다섯 살 때까지 모유를 먹일 순 없잖아
잔소리에 빳빳하게 곤두선 소수의 홍과는
늘 거세당했죠

익숙한 부부는 관계할 때 일상을 묻기도 합니다
 우리도 그래요
 평범한 일들로 낮을 다 써버리고 누우면 습관처럼
서로의 홍과를 만지는 밤을
 꺼냅니다

 발기된 금남의 열매를 비추는 오스람 LED 전구의
전반이나 타들어 간

 오르가슴,

 이브의 창은 밤을 1.8제곱미터로 조각냅니다

자주 우는 주먹

우리 가족은 말리는 게 많았어요

아버지는 쥐는 게 없었어요
말아 줄수록 구겨지는 부류였죠

하늘도 쥐면 주먹만 한 구멍이 나 있는 하루
메꾸려면 허리가 휘청했어요

주먹밥을 하나씩 먹으면 주먹만큼 쌀이 말리고
주먹 따뜻하게 겨울을 날려면 장갑 뜰 털실이 말렸죠

장마철엔 삽을 쥘 수가 없는 아버지 어깨가 구겨집니다
어머니는 물로 채운 배가 말렸죠

철이 좀 넉넉한 누나가
꼬르륵 우는 배를 주먹으로 쿵쿵 때릴 때면
더 세게 내리는 어머니의 긴 장마

허리 휜 달이 뜬 저녁마다 쉴 수 없었던 아버지 맑은 하루를
통통통 안마해 주던 중년의 주먹이 젖고 있습니다

물웅덩이

평탄하게 살아온 길은
세차게 쏟아지는 여름 소나기도 쨍한 볕 한줄기면
마른다

크고 육중한 통증이 나를 쌩 훑고 지나갈 때
약한 마음이 무너지는 소리를 들었다

바쁘다는 핑계로 뒤돌아보지 않던 바퀴들이
몇천 원의 주차료가 아까워
공회전으로 짓누르고 갈 때마다
견디다 보면 지나간다
먼저 아파 본 앞길들이
뒷길에 바퀴 자국을 보여준다

움푹 팬 뒷길에 눈물이 고였다

5

비 갠 오후의 증류

분홍 물고기 떼

바람이 불면 지느러미가 자라요

바닥에 납작 엎드린
부레 없는 희귀종의 탯줄은 바람

솜사탕 든 아이가 거슬러 오르는 기슭
한쪽으로 쏠리는 눈 귀엽죠

가난하진 않아요
주머니에 지폐 한 장 찔러주는 엄마가 있거든요
훅 날아가 버릴 지느러미가 자랄까 봐
꺼내지 않았을 뿐

하이다이빙을 즐기죠
소심하지도 않아요

엄마는 알밴 가자미조림을 좋아해요
알은 꽃이 된다는 신화를 믿었죠
사람은 모두 알에서 피어났대요

분홍 벚꽃 무늬 원피스 입은
엄마의 알집 속에서
난 부레 없이 헤엄치는 법을 배웠죠
깨어나기 위해 방향을 바꾸는 다이빙도 익혔어요

등이 가려워지는 봄, 바람이 불면 우린 헤엄쳐요

반달

달을 다 채우지 못한 반삭둥이를
산부인과에서 꺼내 어디다 버린 줄도 모른다

미안하고 아팠던 마음조차 마취제의 부작용으로
매스꺼워 토하고 돌아온 집
반삭둥이의 죽음을 애도하거나
무덤을 묻는 이는 아무도 없었다

소파 위에서 손톱을 깎다가
자라나는 반달을 보면서 반삭아라고 불러보았다
깎여진 손톱 한 조각을 잃어버린 날부터
빙의는 시작되었나
말은 숨을 죽이고 눈동자엔 자꾸 반달이 떴다

시름시름 앓다가 찾아간 무당
반삭이는 용왕의 딸, 바다로 돌려보내야 한다고 했다
지옷 입고 꽃신 신고 말문 틔운 반삭이

제 이름을 꽃님이라 불러주라는 말
물러나다 다시 돌아오는
파도의 편린으로 손톱을 키우고 있다

거북이 타고 바다로 되돌아간 꽃님이,

손톱엔 평생 반삭의 달이 뜬다

내일이 오늘에게

눈 깜짝할 사이 과속하는 나이를 타고 왔어요

우린 모두 태양을 따라 도는 샛노란 별
미크로코스모스를 후 불면 피어나죠

회오리에 휘말릴 때마다 떠오르는 별들의 요람
중심에서부터 하나씩 이어간
별들의 둥근 궤도
우주의 모양은 결정되었죠

민들레 텅 빈 꽃대를 만져요
움푹움푹 이륙한 관모의 흔적
왜 엄마를 닮았을까
밑바닥 깊이 뿌리내린 가난한 오늘이 싫어 삐딱해져도
엄마는 로제트 같은 두레 밥상
빙 둘러앉은 빛날 내일을 헤아렸죠

바람에 실려 온 갓털 하나 바닥에 뿌리내리면
내일이 오늘에게 들려주는
분만실 봄별의 울음소리

삐딱한 내 쪽으로 더 기울어진 엄마의 바닥은 우주의 입구였어요

반 뼘 위 빛을 따라 도는 민들레꽃이 뜹니다

건망중 순례

담배를 끊은 밤 라이터는 유물이 되었다

소맷부리에 돋은 음모 같은 붉은 실밥
잭나이프 돌려 깎기 한 붉은 사과는 껍질도 닳았다
붉은 것끼리 사타구니 근처에서 한데 엉켰다

불붙었으니 불 끌까
몸 배배 꼬는 속살 흰 사과 껍질을 잘근잘근 깨문다

그의 발기는 시간 개념이 없지
지각을 하고도 조퇴하지

유적지로 지목된 가방을 파내려 가는 눈빛
눈꺼풀끼리 부딪쳐 불타올랐지만
불붙지는 않았다

다시 잭나이프로
다시 허기로

다시 사과로
건망증을 순례하다 냉장고에 도착했다

풀린 실밥에 닿은 라이터
1초간 벌겋게 발기했다

차이

...... b〉A에게
어디쯤이야, 라고 묻는 게 서툽니다
낮에는 도미노처럼 서 있다가도 밤이면 손끝만 닿아도 포개지는 사이지만

폴더형 휴대전화를 펼치고 전화를 거는 A
접은 채 기다리는 b
둘 다 도미노를 잘 다루지만
성질 급한 쪽이 질 때가 많죠

어디야와 어디쯤이야의 차이 때문일까
요즘 편두통을 앓아요 A

b 당신은 지나치게 무겁고 넓어

몸과 마음이 비례해서 그래요
내 세계는 둘 다 중력의 영향을 좀 크게 받습니다
살아있다는 증거죠

가족끼리 두근거리는 건 병이었을까
십 년을 살고도 아직도 자기만 보면 두근거린다
남편 자랑을 하던 옆집 여자
그녀의 남편이 오늘 심장병을 진단받았데요

A 당신은 언제나 어디쯤이야 묻지만
도미노를 헤아리는 중입니다

밤이 세운 촘촘한 별들은 힘껏 밀어도 쓰러지지 않는 구球

별 하나 빗금 긋고 떨어지는 순간마다 긴장되지만
나의 별에서 나도 빗금을 긋고 서 있지만
우리는 쓰러지지 않습니다

난 집이야 b
저도 곧 도착할 것 같아요 A

물풍선을 불다

풍선의 입에 숨을 불어 넣었다 인공호흡은 처음이었다 꾹꾹 불어 넣는 숨이 가빠오자 질끈 눈이 감겼다 손목에 힘을 주고 숨을 멈추었을 때 인파가 팽창한 푸드 코너에서 팝콘이 터졌다 그가 나에게 팝콘과 풍선을 사준 일요일 코끼리도 물개도 공작도 뾰족한 것이 있어 터뜨릴까 봐 풍선을 놓아주었다 나는 사람 속깨나 터지게 하는 아이였다 공장 굴뚝 긴 줄 풍선을 불지 않는 요일엔 그는 물풍선을 다루듯 조심조심 나를 만지며 놀았다 복부가 빵빵해질 때 오래 참아온 건 숨을 불어넣은 내가 아니라 풍선이라는 걸 알았다 거죽이 얇아지도록 숨을 받아준 사람이 산소마스크를 쓰고 있다 아직 보낼 준비가 되지 않은 것은 그 사람이었는지 나였는지 모르겠다 이제 풍선을 그만 불어야 한다고 생각하니 숨이 쉬어지지 않는다 팝콘을 볶듯 그를 달달 볶았던 날 톡톡 튀어 나가려는 내 마음의 뚜껑이 되어주었던 사람, 더 이상 숨을 불어 넣어서는 안 된다고 하는 텅 빈 주머니 입구를 막느라 손을 뗀다 풍선에서 휘파람 소리가 났다 우북이 쌓인 터진 속들 맨 밑바닥에서 팝콘 한 알이 나왔다 놀이동산 폐장 시간 공기 빠진 풍선을 매단 링거병이 마지막 물풍선을 분다 나도 물풍선을 분다

아바타

정면을 응시해야 하는 순간마다 얼굴을 돌렸어
사시일까

큰 점이 있나 봐
화상을 입었대
흉흉하게 커진 추측들이 자전하는 나를 따라 돌며
붕대처럼 휘감겼지

나는 미라, 이집트로 가면 왕이 되는
피라미드를 쌓을 거야 풀리지 않는 불가사의도 상상 속에서는 술술

잘나고 못난 저울질
양팔 저울 위 옆얼굴이 더 괜찮은 가상의 나는,

반쪽으로 걷는 자
반쪽으로 마시는 자

반쪽으로 눕는 자
소주잔에 비친 캐릭터는 반쪽으로도 빛나지
부딪혀도 깨지지 않을 만큼만 건배

윗사람 앞에서는 누구나 얼굴을 돌리고 술을 마셔야 해

포장마차 천막 벌어진 좁은 틈새로 들어서는 사람들
주홍 천막을 걷고 옆자리에 앉기 시작하지

당신이 나와 나란히 수평을 이루면 내 반쪽에 취할 거야

만렙 갱년기

　격리를 처방받았다 극과 극을 순회공연 중인 감정
은 취소되었다

　말을 험하게 쏟아내도 비워지지 않는 울화는
　열심히 살았어도 해놓은 것 없는 자리에서 발화한다

　나를 뺀 모두에게 호인이던 남자의 숨은 그림이 되어
　여기 있다고 목소리 내어 보면 타박받던
　화기 많은 아내 자리는 늘 땀이 났다

　자고 나면 찾아줄까
　그림자처럼 깔리거나 물구나무선 채 기다린 것도
　모자라 작게 줄여져 숨겨진 나날들

　낯설게 느껴지는 내 이름을 등 뒤에서 부른다
　등 뒤에 서 있어 일상이 되기 어려웠던 나를 낳은
작가

울컥 눈물이 났다 비극이다
눈물을 훔치며 웃는 연기를 한다 희극이다

의사는 가족으로부터 격리된 자기의 시간을 가지라 한다
등 뒤에 걸린 숨은 그림으로
압력솥을 열 때마다 한숨을 푸고
빨래 건조대에 오십견을 널다가
욱, 욱했더니

제삿날

마지막 마술이 외출 중인 밤이다

손수건 한 장 몇 번 접더니 새 한 마리 푸드덕
붉은 장미로 피어난 신문지
연예 오락프로 두어 번의 식상한 마술이 펼쳐질 무렵
입과 오른손이 박수를 치기 시작한다

공사장 여기저기 곁두리 빵 부스러기를 이고 나르다
일손 멈추고 재빠르게 귀가하던 개미 떼가 생각나
검은 전기 테이프 발라 둔 창밖에 등장한 바람
나뭇가지를 뚝 분질러 왕거미의 집 한 채를 짓는다

눈이 번쩍 뜨여 서까래를 만지다 손가락에 박힌 미세한 파편
막노동 인생 찔리고 박히는 것 많은 날이면
떠오르는 아버지의 마술
아들의 몽당연필 두 자루 머리 붙은 샴쌍둥이로 변신시킬 때면

말 없는 아버지 아예 반벙어리가 되었던
고수인 가난도 마술이라 생각하면 견딜 수 있었다

베개 밑에 넣어드린 용돈
아들에게 줄 목장갑 한 꾸러미로 변신한 후
더 이상 아버지는 마술을 부리지 않는다

칼 몇 자루 찌른 상자 속에서 피 흘리지 않고 걸어 나오는 여자
제법 흥미로운 고수의 피날레를 시청하고 TV를 끄자
탱자나무 울타리를 흔드는 바람의 손 목장갑을 꼈는지
핏자국 하나 없이 멀쩡하다
아버지의 마지막 마술이 잠시 다녀간 것은 자정쯤이다

뒤집기

 살점 깊이 새긴 유영의 방향을
 노릇하게 익힌 고등어가 배를 뒤집는다

몸에 탁본 된 바다의 비릿함을 익히기 시작하는 등

 고등어도 나처럼 배의 부조가 등의 탁본에 바짝 붙은 적이 많았을까
 중심을 가로지르는 뼈마디마다 세운 가시는 끝이 뾰족하다

 살로 가려온 가시 또한 바다에서의 나였다고
 지글거린다

불꽃이 일고 있다

나도 한때는 불티를 날리며 거침없이 꿈을 태웠지
은하수 속 영원히 탈 것 같은 태양처럼

기름기 많아 둥둥 뜨는 나의 거품마저도
품에 품고 태우고 있는
무아의 수도
해준 것 없다는 내 원망의 말들이 꼿꼿이 세운 등지
느러미를 불꽃에 내어준다

내 어머니의 한 생이 밀물로 들이찰 때

맨몸뚱이 하나로 풍랑을 버텨 온 한 주검이
피우는 연기에 내가
울었다

비 갠 오후의 증류

 상처가 아물려면 왜 물집이 생길까

 바짓단이 스쳐 지나갈 때마다 힘줄 곤두섰던 질경이잎
 볼록볼록 생긴 물집을 터뜨린 바짓단이 울어요
 나 결혼해요
 질경이 꽃대를 보고 스친 그녀 생각
 남은 사랑의 찌꺼기가
 울고 있는 바지에 얼룩졌죠

 마음 복잡할 때는 힘쓰는 일이 필요해
 손빨래를 해야겠군

 안정적이고 싶은 그녀는 따라가도 붙들 수 없어
 네 지갑은 닳아빠진 청바지 밑단이잖아
 불투명한 앞날이 자꾸 내게 주먹질을 해요

투명한 주먹질들이 볼에 긴 펀치를 날리는 정오 혹은
청년인턴 계약 만료 다음 날 정오
하늘도 맑아졌고
머리칼을 휘날리며 휘파람을 불던 그녀의 기분도 맑아졌지만
셀프 청소 기능이 없는 내 미련에는
찌꺼기가 둥둥 떠다닙니다
비문증처럼

주름질까
비틀어 쥐어짜지 않은 청바지가 미련을 증류합니다

장정순 시인의 시 세계

현미경과 내시경으로 묘사한
법고창신法古創新의 미학

박종현(시인)

현미경 기법과 내시경 기법

〈여기 2인용 식탁이 있다고 치자. 식탁 앞 의자 하나는 고정되어 있고 또 다른 하나는 빠져나와 있다. '나'는 혼자 밥을 먹는다. 그럴 때 '나'가 갖는 정서는 '식탁과 하나의 의자', '식탁과 다른 하나의 의자', '의자와 의자', '나와 의자', '나와 또 다른 의자' 사이에 서린 관계와 미묘한 정서를 반영하여 나타난다. 그 장면에서 또 다른 사물을 동반해 보자. 사람은 한 명인데 두 벌의 수저와 젓가락이 놓여있게 만든다면 또 다른 관계망들이 형성된다. 그렇게 하나의 장면 안에는, 장면 속 사물들에게는 미묘한 관계망과 미묘한 정서가 섬세히 동반된다.

하나의 장면과 사물들 속에서 섬세한 발견을 하기 위해서는 우선 현미경 기법이 필요하다. 현미경은 외연을 섬세하게, 부분을 확장해서 정밀하게 읽는 방법이다. 이별, 죽음, 연민, 공포, 소외, 허탈, 증오 등의 정서가 있다고 치자. 그럴 때, 그 추상적 정서들을 표현할 수 있는 장면과 상황은 수만 가지 존재한다. 수만 가지 장면과 상황 중 하나를 골라야 한다. 만약 하나를 골랐다면 카메라의 줌 기능을 이용해 현상을 가까이 당긴 다음, 최대한 쪼갤 수 있는 데까지 쪼개고 쪼개고 또 쪼개서 관찰한다. 겉 속성을 치밀하게 읽어내는 이것이 현미경 기법이다.

이제 내시경 기법으로 들어가 보자. 내시경 기법은 쪼개고 쪼갠 현상의 이면에 비의秘義처럼 깃든 내적 속성과 내적 정서, 내적 태도를 섬세하게 읽어내는 것을 말한다. 현미경 기법이 동원된 상태에서 직관과 통찰을 통해 현상 안쪽에 서린 개별 의미를 예리하게 간파하는 것이 내시경 기법이다. 주의할 점은 절대 한 발 뒤로 물러나서 총체적으로 직관하거나 통찰해

서는 안 된다는 것이다. 그 대상물이나 상황에 밀착된 상태에서 직관하고 통찰해야 한다.〉

－〈슬럼프에 빠진 당신에게 찾아온 21가지 질문, 시클〉(하린, 고요아침, 2016)에서 옮겨 적음

'시는 시인이 현상으로 말하고 독자가 현상으로 감지하는 현상에 바탕을 둔 장르이다. 그래서 시를 쓰는 자는 빼어난 현상을 어떻게 하면 잘 그려낼까 궁리를 하는 자가 된다. 그런데 현상을 너무 단순한 이미지로 여기면 안 된다. 현상은 수도 없이 쪼개지는 순간과 순간의 결합인 동시에 그 안에 서린 관계와 관계의 만남이다.'라고 하린 시인은 말한다. 그 현상을 묘사하는 방법으로 현미경 기법과 내시경 기법을 제시해 놓고 있다.

오늘날 시의 완성도를 가늠하는 요소에는 여러 가지가 있다. 그중 결정적인 구실을 하는 것이 낯설게 하기다. 대상이나 현상을 낯설게 표현하는 방법 중, 현미경 기법과 내시경 기법이 그 중심에 있다고 해도 틀린 말은 아닐 것이다. 장정순 시인은 우리 주변의 전통적 소재를 시 창작 대상으로 삼아 현대적 감각과 낯설게 하기 기법으로 표현해 놓은 작품들이 주를 이

루고 있다. 소재나 현상은 온고溫故에서 따와 표현은 지신知新의 방법으로 수행해 놓았다. 즉 장정순 시인의 시에는 법고창신法古創新, 옛것을 본받아 새로운 것을 창조한다.)의 미학이 담겨 있다. 이러한 시창작 메커니즘에 기인하여 창작한 시들은 전통적인 소재를 대상으로 삼아 시를 썼는데도 불구하고 시가 참신하게 느껴지는 것은 바로 법고창신의 미학 덕분이다.

현미경과 내시경 기법으로 낯설게 하기를 시도한 법고창신

검은 천 한 장 지붕으로 얹은 단칸방
위아래 층층이 자라도
서로를 짓눌러 뭉개는 일 없는 일가一家

먼저 밭음 내린 불린 콩
발 틈으로 머리 들이미는 바닥에 깔린 생콩을 위해
호스 같은 뿌리로 물을 흘려보내 주는 것은
다툼의 잔발을 내리지 않는 뿌리 가家의 혈통인가

콩나물 팔러 간 엄마의 늦어지는 귀가
가물어 가는 울음 입술 쩍 갈라지면

길게 뿌리 내린 고드름을 따 주며 함께 하던 놀이
누이들 발등에 발을 얹어 마당을 맴돌다
이제 막 발을 내린 생콩
불린 콩의 발등에서 고개 들면
하늘도 콩나물을 키우고 있는지 검은 천을 쓰고 있었지

다 자라서도 한두 번만 때를 맞추지 못해도 뻗치는 잔발
눈앞이 깜깜해지는 순간마다 빛나는 물줄기를 퍼부어 주던
잘 덮어 둔 콩나물 머리 같은 성격의 누이들
중년이 넘도록 막둥이 끓는 속을 시원하게 풀어주느라
자주 열어젖힌 속내 탓일까
나이보다 훨씬 쏘물게 돋아난 누이들 새치

툇마루에 누워 검은 천을 씌운 시루를 본다
천을 비집고 나온 희끗한 머리칼들

손을 뻗어 하늘 시루 콩나물 새치를 뽑는다

—「유성우」 전문

7, 80년대까지만 해도 각 가정에서는 콩나물을 직접 재배하여 식용으로 썼다. 안방이나 툇마루에다 콩나물시루를 놓고 콩나물을 길렀던 어린 시절의 추억 속에서 시인은 콩나물 같은 꿈을 키우면서 성장했는지도 모른다. 툇마루에 놓인 시루에다 콩나물을 길렀던 일을 현미경 기법과 내시경 기법을 활용해서 낯설게 하기를 해놓고 있다. 특히 현미경 기법과 내시경 기법을 동시에 활용함으로써 대상에 대한 표현 효과를 극대화시켜 놓았다는 점이 돋보인다.

 검은 천으로 덮은 시루를 묘사한 '검은 천 한 장 지붕으로 얹은 단칸방', '먼저 발을 내린 불린 콩/발 틈으로 머리 들이미는 바닥에 깔린 생콩/호스 같은 뿌리로 물을 흘려보내 주는 것', '다 자라서도 한두 번만 때를 맞추지 못해도 뻗치는 잔발', '툇마루에 누워 검은 천을 씌운 시루를 본다/천을 비집고 나온 희끗한 머리칼들'에서는 현미경 기법을 통해 매우 섬세하게 대상을 묘사해 놓고 있다. 그러면서도 '서로를 짓눌러 뭉개는 일 없는 일가一家', '다툼의 잔발을 내리지 않는 뿌리 가家의 혈통', '중년이 넘도록 막둥이 끓는 속을 시원하게 풀어'준다는 표현에서는 현미경을 넘어 내시경의 기법으로 대상의 내면세계와 함께 새로운 정서를 창출해 놓고 있다.

한편 검은 천에 덮인 시루와 검은 구름 낀 하늘 즉 우주를 동일시해 놓고, 우주의 중심에서 탄생하고 자라난 자아에 대한 자존감을 현미경 기법과 내시경 기법을 통해 드러냈다. 남다른 안목을 통해 바라본 대상에다 다양한 낯설게 하기의 기법을 시도하여 시의 외연과 내면 모두에 충실한 묘사를 함으로써 시적 완성도를 높여 놓았다.

종가의 장독에서 발견된 여승의 사리

대를 잇기 위해 놓은 댓돌 위
종손의 신발을 밤새 신고 있는 겨울 달빛이
쪽 찐 머리로 비구니가 된 종부의 방
문풍지를 드나드는 바람으로 운다

여승처럼 산
종부의 밤들이 고여 있는
장독의 쓰라렸다는 말, 눈물 괸 세월이 들어앉았을까
장물에선 늘 눈물 맛이 난다

손님 많은 종가의 종부로 산다는 건
날이 새면 울음을 웃음으로 세수하는 일
속없이 산 화엄이
볕 좋은 날 꽃상여에 오른다

상여 따르는 기나긴 행렬
포건을 머리에 쓴 것을 보니
장독도 종가에서는 어엿한 상주

우점문 옹기였던 속을 잘 달여온
수행 깊은 종부의 손길 닿은 장맛이 열반에 든 날

여든 살 종부도 종가를 떠났다

—「고석」전문

오래 묵은 간장 항아리에 간장이 햇빛에 졸아 염도가 높아지면서 소금 결정이 생기는데, 씨간장의 색깔이 반투명하고 결정이 살아있어 보석처럼 보인다. 강가에서 볼 수 있는 반짝이는 고석을 닮았다고 하여 고석소금이라 하고 줄여서 고석이라고 부른다. 그 맛이 깊고 오묘하다.

이 시에 쓰인 소재 중 고석을 비롯해 종가, 장독, 댓돌, 문풍지, 종손, 종부, 꽃상여, 포건, 상주, 우점문 옹기 등이 토속적이고 전통적인 색채가 풍기는 소재들이다. 자칫 소재만 봐서는 전통 서정을 담은 시라고 착각할 수도 있다. 그러나 이러한 전통적인 소재인 '법고法古'를 바탕 삼아 펼쳐 놓은 표현은 '장독에서 발견된 여승의 사리', '종손의 신발을 밤새 신고 있는 겨울 달빛', '종부의 밤들이 고여 있는 눈물 괸 세월', '장독도 종가에서는 어엿한 상주', '장맛이 열반에 든 날' 등 법고를 현미경 기법과 내시경 기법을 통해 낯설게 하기를 함으로써 '창신創新'이란 새로운 의미와 정서를 만들어놓고 있다. 전통적이고 토속적인 소재인 '법고'를 현대적 감각과 낯설게 하기의 기법을 통해 미래지향적인 '창신'을 만들어낸 것이다. 즉, 법고로 인해 시가 깊어졌고 창신으로 인해 시가 현대적 감각을 띠게 된 것이다.

 현미경 기법과 내시경 기법을 통한 낯설게 하기처럼 시의 기교에 역점을 두게 되면 자칫 시의 겉멋만 살리고 시의 알맹이를 놓치는 경우가 더러 있다. 하지만 장정순 시인이 표현한 낯설게 하기의 문을 열고 들어가면 그 속에 새롭게 만들어 낸 의미와 정서, 이미지

등의 알맹이가 꽉 들어차 있음을 볼 수 있다. 어쩌면 장 시인의 타고난 시적 재능과 노력이 이러한 시적 역량을 발휘하게 하지 않았나, 하는 생각이 든다.

바닷가 주름 많은 지붕의 염습을 본다

서까래에 매달려 거미가 마름질 한 수의 속
폭풍에도 주저앉은 적 없는 주검은
꼿꼿한 생전 모습 그대로 입관하지 않기로 했다

 지붕을 수없이 덮쳤던 돌담을 넘다가 부서진 해일의 포말 더미
 무너질 뻔한 순간마다
 대들보를 깨물고 버틴 고인 생각
 갈매기 상엿소리 목울대가 굽도록 망자를 배웅하고
 동백꽃 상여 툭 고개를 떨군다

늙어 불구가 된 감나무 목발을 짚어주고 간 유족
마지막까지 연년생 나무에게조차 살뜰했다
지붕 슬하의 흙, 돌, 나무가 지탱해 온 삶의 무게
끈끈한 정으로 뭉쳐 서로를 받쳐주지 않으면
쓰러진 것 참 많았을 섬 집 마당

파도가 발인을 보러 밀려오면
　어제 온종일 슬레이트 지붕 낙숫물이 빙 둘러 판 못자리
　개미는 줄지어 장례 음식을 이고 나른다

　곡을 마친 바람 섬 집의 머리부터 풍장을 시작한다
　　　　　　　　　　　　　　－「가옥의 장례」 전문

　세계적인 신경과학자이자 과학철학자인 크리스토프 코흐는 자신의 저서 『나는 곧 세계－의식, 어떻게 확장할 것인가』에서 오늘날 고해상도 이미지 기술인 전자현미경으로 뇌를 보아도 신경 세포막, 시냅스, 기타 세포 소기관을 볼 수 있지만, 결코 그곳에서 고통, 쾌락, 불쾌감을 볼 수 없음을 역설한다. 이는 시적 대상에 대한 묘사 방법과도 밀접한 관련이 있는 말이다. 현미경으로는 주로 물리적인 요소를 볼 수 있고, 내시경으로는 뇌가 관장하는 세계인 고통, 쾌락, 기쁨 등 내면의 세계와 정서를 만날 수 있는 것과 통하는 말이다. 구체적이고 섬세한 묘사를 할 때 썼던 현미경 기법과 내면의 정서와 그 이면에 또 다른 비의秘義를 담아 놓고자 할 때 쓰는 내시경 기법과 닿

아있다. 장정순 시인의 시 중 다수가 전통적 소재인 '법고'를 끌어와 낯설게 하기인 현미경 기법과 내시경 기법으로 '창신'을 시도했다.

해풍이 센 바닷가 외진 마을에 가면 지금도 슬레이트 지붕의 집들을 더러 볼 수 있다. 바람이 거세다 보니 슬레이트 지붕이 날려가기 일쑤다. 바람으로부터 지붕을 지키기 위해 지붕 전체를 새끼줄이나 동아줄로 꽁꽁 묶어 놓는다. 시인이 바라본 그 풍경이 마치 집을 염해 놓은 것처럼 보였을 것이다. 그 모습에서 집의 장례를 떠올렸다. 아주 참신한 발견이다. 시 「가옥의 장례」는 주로 현미경의 기법을 통해 낯설게 하기를 시도했다. '바닷가 주름 많은 지붕의 염습', '서까래에 매달려 거미가 마름질 한 수의壽衣', '돌담을 넘다가 부서진 해일의 포말 더미', '갈매기 상엿소리 목울대가 굽도록 망자를 배웅하고', '파도가 발인을 보려 밀려오면', '개미는 줄지어 장례 음식을 이고 나른다', '곡을 마친 바람 섬 집의 머리부터 풍장을 시작한다'로 이어지는 묘사는 「가옥의 장례」 과정을 명징한 이미지로 잘 표현해 놓고 있다. 마지막 남은 유족인 뜰에 선 나무들이 바람을 만나 곡을 하는 풍경은 허물어져 가는 슬레이트집에 대한 정서와 분위

기를 선명하게 독자들의 뇌리에 꽂히게 해놓았다. 현미경과 내시경 기법으로 낯설게 하기를 해놓은 법고창신이 시적 완성도를 높이는 데 큰 역할을 했다.

인류애의 발로와 역사적 진실을 옹호하다

미국계 영국 시인 T.S. 엘리엇은 그의 저서 『전통과 개인의 재능』에서 시인의 역할을 다음과 같이 제시했다. 〈가는 백금이 있는 상태에서 산소와 이산화황이 결합하면, 삼산화황이 된다. 이러한 결합은 백금이 있을 때만 발생한다. 그런데 새로 형성된 산(酸)에는 백금의 흔적이 전혀 없으며, 백금 자체도 전혀 영향을 받지 않고 불활성, 중성의 상태로 변하지 않은 채 남아있게 된다. 시인의 정신은 백금 조각이다.〉

시인의 정신은 백금 조각이어야 한다는 것은 역사의식과 시대정신을 갖고 세상을 바르게 바라보고 흔들림 없는 가치관을 마음에 담고 시를 써야 한다는 의미일 것이다. 과거에 시나 소설은 잘 썼지만 친일 행위를 했거나 역사와 시대를 거스르는 행위를 한 작가나 시인은 존경의 대상이 아니라 손가락질을 받거나 혐오의 대상이 된 적이 있다. 문학작품은 그 작품을 만든 작가의 삶과 결을 같이 한다. 그래서 시인은 역사와 시대를 바로 볼 줄 아는 안목을 가져야 진정한 시인이다. 역사와 시대를 외면하는 시인은 한낱 손가락으로 시를 쓰는 사람으로 전락하는 경우를 자주 보아 왔다. 시인의 생명력과 내구성은 역사의식과 시대정신을 품고 살아가느냐, 아니면 그것을 외면하며 살아가느냐에 달려있다고 해도 틀린 말은 아닐 것이다.

장정순 시인의 시에는 역사의식과 시대정신, 인류애가 배어 있는 시들이 많다. T.S. 엘리엇이 말한 '스물다섯 살이 넘어서 시인이 되려면 역사의식을 가져야 한다'는 말을 실천궁행하는 중이다.

갈아입을 수의 한 벌 이제야 백비에 새기시는 어머니

놀쟁이로 살아야 한 세월은 돌덩이였어요
하얗게 질린 역사가 한스러운 모서리로 굳어버린,

팔다리 움켜쥔 병사들이
총탄에 구멍 난 돌하르방같이 숭숭한 당신을 바다에 던지던 날

웃음은 표정과 소리를 잃었고
 입술 안쪽에서 울컥 솟는 한을 삼키는 버릇이 생겼어요

 피 묻은 옷을 입은 채 바다에서 돌아오지 못한 어머니의 칠십여 년
 백비에 새기니 하얀 돌 수의 한 벌
 구름 낀 눈동자로 살다 보니 슬픔 하나만은 가물지 않았어요

 바닷속 어디쯤 당신의 가슴뼈에 난 구멍을 메우던 모래
 파도에 쓸려오는 꿈마다
 어머니의 넋이 잡아주고 간 손등 위에 쌓아보던 모래 헛묘
 한참을 공들여 토닥여도 무너져 내리면
 밀려드는 바다가 어머니 품속 같아 뛰어든 적 많은 유년

 불타던 마을 돌담에 고개 내민
 피동백 핀 당신의 가슴팍 꿈속에서도 서럽습니다

딱딱한 돌이 아니면 피동백의 씨앗 또 발아할까
어머니의 수의를 새기는 손등에 가문 적 없는 슬픔이 또 내립니다

―「백비白碑」전문

제주 4.3기념관 초입에 빗돌의 이름을 비롯해 아무것도 새기지 않은 백비가 누운 채 있다. '언젠가 이 비에 제주 4.3의 이름을 새기고 일으켜 세우리라'는 다짐의 글이 적혀있는 푯말과 백비를 본 시인은 제주 4.3 사건의 역사 속으로 들어갔을 것이다. 사건의 속살을 현미경으로 들여다본 시인은 큰 충격을 받았다. 6년 6개월 동안 제주는 반목과 대립, 공포와 살인이 지배했다. 정확한 통계는 나와 있지 않지만, 사망자와 실종자 수는 3만 명 정도 추정하고 있다. 대규모의 민간인도 희생되었다. 이러한 대한민국 현대사의 아픔을 시로 형상화한 것이 바로 '백비'이다.

대한민국의 현대사는 정말 굴곡이 심했다. 그 굽이굽이를 돌 때마다 참과 거짓이 바뀌곤 했다. 시인은 그러한 상황을 보면서 그냥 욱하는 감정을 짓누르는 것으로 끝나지 않고, 그 소용돌이 속으로 들어가 역사적 진실을 밝히고 시대적 오류를 바로잡으려고 다

짐했을 것이다. 그 마음이 담긴 시가 백비다. 백금 조각과 같은 시인으로서 양심의 불을 켜고 세상을 바라봤을 것이다.

 그 세상을 그냥 분노와 아픔, 원망으로만 바라본 것이 아니라 '불타던 마을 돌담에 고개 내민/피동백 핀 당신의 가슴팍 꿈속에서도 서럽습니다//딱딱한 돌이 아니면 피동백의 씨앗 또 발아할까'라며 4.3사건의 진실이 피동백 씨앗으로 발아해서 언젠가는 백비에 제주 4.3사건의 합당한 이름이 새겨지고 새로운 역사가 세워지길 기원하고 있다. 시인은 단순히 시적 감성만 표현하는 존재가 아니라, 시대적 아픔을 공유하고 역사적 진실을 밝히는데 선두에 설 줄 아는 사람이다. 그래서 시인을 두고 선구자라고 부르기도 한다. 4.3사건에 대한 시대적 아픔을 공유하고 그 진실을 밝히려고 하는 모습이 무척 인상 깊게 다가왔다.
이뿐만이 아니다. '열다섯 어느 봄날/영문도 모른 채 전쟁터로 끌려가/종군 위안부라는/빠지지 않는 치욕이 물들어 돌아온 소녀//모두가 더럽게 쳐다보는 것 같아/퍼붓는 눈물비로 씻어내도 자꾸만 번지는 얼룩/소녀의 가슴에 퍼런 멍울로 매달린/-중략-/광화문 광장 '위안부'라는 얼룩을/끝내 빼지 못하고 굳어

버린 소녀상'-「감나무의 살풀이」에서처럼 시대적 아픔에 대한 분노와 함께 역사 바로 세우기에도 깊은 관심을 보이고 있다. 시대적 아픔을 만났을 때 일어나는 감상적인 분노를 뛰어넘어 역사적 진실을 밝히고 역사 바로 세우기에 발품을 아끼지 않는 시인에게 아낌없는 박수를 건네고 싶다.

  한 여자가 나무를 심고 있는 모우스 사막
  사원沙原의 키를 키우는 바람 지나간 몸 마디마디 모래가 돋았다

  쿵쿵 내려치고 싶은 주먹이 옆구리에 툭 불거졌지만
  다시 나무를 심는 여자
  그녀의 무한한 식목에 가로막힌 바람 떼는 갈마들기 시작했고
  나무가 모래 언덕보다 키 큰 숲이 되었을 때
  심중 고인 물이 뭉클 치솟아 왈칵 쏟아지며 낸 길
  사람들은 그 물길을 따라 모우스로 흘러들었다

  물이 있어야 풀이 자라고 풀이 자라야 양이 자라고 양이 자라야 사람이

자란다고 사막에서 푸르게 웃는 오아시스

사람 떼가 씨를 말려버린 물줄기
황사 이는 마음 모래 빼곡한 선인장 되었을 때
한 남자가 걸어왔다
모래언덕에 남긴 발자국마다 내린 뿌리로
키 큰 숲이 된 그가
사람이 퍼 나른 뾰족함을 파 내려가면 눈물이 고여 있다고 했다

황사를 붙잡고 있는 키 큰 숲
선인장의 색은 오아시스 푸른 웃음이었다

  －「오아시스가 된 여자」 전문

「오아시스가 된 여자」는 이십여 년간 마오우쑤(모우스) 사막에 나무를 심고 숲을 가꾸어 마침내 오아시스를 만든 인위쩐에 대한 이야기다. 이 이야기 속에는 환경, 생태에 대한 사랑도 담겨 있지만, 궁극적으로는 인류 공존을 꿈꾸는 인류애를 담아내려고 했다. 인위쩐에 대한 글을 읽으면 왜 자꾸만 장 지오노의 소설인 「나무를 심은 사람」이 떠오를까? 양 떼를

몰고 다니던 양치기 엘제아르 부피에가 매일 도토리 100개씩을 골라 물에 불렸다가 심은 결과 마침내 푸른 숲을 이루었다는 픽션과 인위쩐의 체험에는 모두가 환경와 생태, 지구 사랑과 인류애가 배어 있기 때문이 아닐까 하는 생각이 든다.

장 시인 또한 이런 인위쩐의 이야기를 접하곤 지구 사랑과 인류애가 발동했을 것이다. 그 마음을 담아 창작한 작품이 「오아시스가 된 여자」다. '키 큰 숲이 된 그가/사람이 펴 나른 뾰족함을 파 내려가면 눈물이 고여 있다고 했다//황사를 붙잡고 있는 키 큰 숲/선인장의 색은 오아시스 푸른 웃음이었다'처럼 장 시인 또한 눈물이 푸른 웃음으로 바뀐 오아시스를 꿈꾸고 있을 것이다.

꼬리물기, 유기적 구조를 통해 이룬 완성도 높은 시

시적 완성도를 높이고 문학적 진실성을 획득하는데 결정적인 역할을 할 뿐만 아니라 시의 리듬감을 살리는 것이 유기적 구조이다. 유기적 구조를 이루기 위해서 보편적으로 쓰는 기법이 꼬리물기다. 앞부분에 쓰인 시어나 이미지가 꼬리를 물 듯 다음 문장이나 연에 자리하도록 해서 시의 의미나 이미지가 자연스럽게 이어지도록 하는 꼬리물기는 유기적 구조를 형성하는 가장 유효한 방법이다.

이는 화초와 수목, 연못이 어우러진 아름다운 정원 같기도 하고, 400M 릴레이에서 네 명의 육상 선수가 각각의 능력을 극대화하여 경기를 완수한 것과 같은 효과를 지니고 있다.

평탄하게 살아온 길은
세차게 쏟아지는 여름 소나기도 쨍한 볕 한줄기면 마른다

크고 육중한 통증이 나를 쌩 훑고 지나갈 때
약한 마음이 무너지는 소리를 들었다

바쁘다는 핑계로 뒤돌아보지 않던 바퀴들이
몇천 원의 주차료가 아까워
공회전으로 짓누르고 갈 때마다
견디다 보면 지나간다
먼저 아파 본 앞길들이
뒷길에 바퀴 자국을 보여준다

움푹 팬 뒷길에 눈물이 고였다

　　　-「물웅덩이」전문

'평탄하게 살아온 길' 다음 시행에 '세차게 쏟아지는 여름 소나기'라는 대조적 이미지를 가진 구절을 끌고 왔다. 얼핏 보면 앞뒤가 단절되는 것 같은 느낌이 들지만 절묘하게도 '쨍한 볕 한줄기'란 구절로 평탄하게 살아온 길을 이어받게 해 놓았다. 대조적 의미를 가진 말로 꼬리물기를 한 뒤, 더 극적인 효과를 거두기 위한 장치다. 다음에 이어지는 시행도 마찬가지다. '크고 육중한 통증이 나를 쌩 훑고 지나갈 때'와 '약한 마음이 무너지는 소리를 들었다' 또한 내적으로 서로 통하는 꼬리물기를 펼쳐 놓고 있다. 3연에서도 '바퀴'-'주차료'-'공회전'-'짓누르고'-'견디다 보면 지나간다'-'먼저 아파 본 앞길'-'뒷길의 바퀴 자국'이 마지막 행인 '움푹 팬 뒷길에 눈물이 고였다'로 이어지는 꼬리물기가 문맥 흐름과 이미지의 흐름을 매우 자연스럽게 이어놓음으로써 시적 완성도를 높임과 함께 시의 리듬감을 잘 살려 놓고 있다. 그리고 실제 상황이 아니라 해도 앞뒤의 논리가 잘 맞아떨어지게 만들어 실제인 것처럼 만드는 시적 진실을 획득하게 하는 효과도 거두고 있다.

바람이 불면 지느러미가 자라요

바닥에 납작 엎드린
부레 없는 희귀종의 탯줄은 바람

솜사탕 든 아이가 거슬러 오르는 기슭
한쪽으로 쏠리는 눈 귀엽죠

가난하진 않아요
주머니에 지폐 한 장 찔러주는 엄마가 있거든요
훅 날아가 버릴 지느러미가 자랄까 봐
꺼내지 않았을 뿐

하이다이빙을 즐기죠
소심하지도 않아요

엄마는 알밴 가자미조림을 좋아해요
알은 꽃이 된다는 신화를 믿었죠
사람은 모두 알에서 피어났대요
분홍 벚꽃 무늬 원피스 입은

엄마의 알집 속에서
난 부레 없이 헤엄치는 법을 배웠죠
깨어나기 위해 방향을 바꾸는 다이빙도 익혔어요

등이 가려워지는 봄, 바람이 불면 우린 헤엄쳐요

—「분홍 물고기 떼」 전문

  아마 시인은 하동 쌍계사 십리벚꽃길을 걸었을지도 모른다. 온 천지가 분홍빛으로 물든 벚꽃 세상에 마음이 빠져 있을 때 느닷없이 한 줄기 바람이 불어와 분홍 꽃잎들이 지천으로 떨어지는 모습을 보고 〈분홍 물고기 떼〉란 시상을 떠올렸을 것이다.
  '바람이 불면 자라는 지느러미' 지느러미로 헤엄칠 준비를 하는 벚꽃, '부레 없는 희귀종의 탯줄은 바람', '솜사탕 든 아이가 거슬러 오르는 기슭/한쪽으로 쏠리는 눈', 귀여운 아이를 연상하며 또 다른 이미지를 연상한다. '가난하진 않아요/주머니에 지폐 한 장 찔러주는 엄마/혹 날아가 버릴 지느러미가 자랄까 봐/꺼내지 않았을 뿐', '하이다이빙을 즐기'는 아이(벚꽃), '알 밴 가자미조림을 좋아하'는 엄마, '알은 꽃이 된다는 신화와 사람은 모두 알에서 피어'난다는 연상을 끌고 온다. '분홍 벚꽃 무늬 원피스 입은/엄마의 알집 속에서/부레 없이 헤엄치는 법을 배운 나', '다이빙'도 익힌 나, '등이 가려워지는 봄, 바람이 불면 헤엄치'는 분홍 물고기 떼가 되는 벚꽃에 대한 연상을 하기까지 꼬리물기의 기법으로 시상을 유기적으로 연결해 놓고 있다. 완벽한 구성이다. 시적 완성도와 시적 진실성, 리듬 등 모든 요소가 톱니바퀴 돌아가듯 설계된 작품이다.

오래된 미래, 법고창신의 미학

장정순 시인의 시에는 오래된 씨간장(법고)이 담겨 있다. 그런데 그 씨간장에서 나는 맛과 향을 오늘날 살아가는 사람들의 취향에 딱 맞게 제조(창신)해 놓았다. 이것이 법고창신의 미학이다. 그러한 맛과 향을 풍기게 한 비결에는 현미경 기법과 내시경 기법과 같은 낯설게 하기가 큰 몫을 했다. 또한 시 속에 시대정신과 역사의식, 그리고 인류애까지도 담아 놓고 있다. 시인의 인문학적 소양을 가늠할 수 있는 매우 소중한 요소들이다. 첫 시집 『바람이 불면 지느러미가 자라요』를 세상에 내놓는 장정순 시인의 문학 세계가 더욱 법고창신 하기를 기원드린다.